QUESTION SICILIENNE

PAR

CHARLES DIDIER.

PARIS,

MICHEL LÉVY FRÈRES, LIBRAIRES-ÉDITEURS,
RUE VIVIENNE, 1.

1849

QUESTION SICILIENNE.

Imp. de Lacrampe fils, 2, rue Damiette.

I.

Lorsqu'éclata la révolution de Juillet, le petit canton suisse du Tessin, qui avait fait la sienne quelques semaines auparavant, eut un accès d'orgueil assurément fort peu condamnable : il prétendit avoir donné l'exemple à la France. La Sicile pourrait, à ce compte, avoir la même prétention quant aux événements de l'année dernière :

1.

l'insurrection de Palerme est du 12 janvier, celle de Paris n'est que du 24 février.

Est-ce à dire qu'il y ait imitation ? Il y a coïncidence, ce qui est bien différent. Les mêmes causes produisent partout les mêmes effets ; cette simultanéité constitue le synchronisme européen ; on pourrait dire humain, car l'idée n'a pas de nationalité, pas de patrie ; elle est universelle et n'a d'autres frontières que les bornes de l'univers. Partout où il y a des peuples, l'idée les gouverne, même à leur insu ; *mens agitat molem ;* confuse d'abord, elle se précise à mesure que l'humanité s'éclaire ; et ce travail lent, mais continu, n'est autre chose que le progrès.

La vie des peuples est tout entière dans le développement de l'idée dont chacun n'est qu'une manifestation, une forme particulière. Leur importance historique et politique ne doit donc point se mesurer à leur étendue territoriale, mais à l'action de l'idée ou de la portion d'idée qu'ils représentent ; d'où il résulte que les plus petits sont quelquefois les plus grands. C'est ainsi, par exemple, qu'au quatorzième siècle les cantons suisses l'emportaient évidemment dans l'ordre moral sur la puissante maison d'Autriche, et les Hollandais du seizième siècle sur l'immense monarchie des Espagnes et des Indes. On en peut dire autant de la Grèce de 1821, mise en balance avec le vaste empire Ottoman.

En appliquant ces principes à la nation sicilienne, on est forcé de lui assigner, dans le monde, un rang considérable. Pour ne dire qu'un mot de la Sicile ancienne, cette sœur jumelle de la Grèce, quel éclat Syracuse, Agrigente, Géla n'ont-elles pas jeté dans l'antiquité ! Plus tard, et en plein moyen-âge, la terrible explosion des Vêpres Siciliennes a fait à cette héroïque poignée d'insulaires un grand nom dans l'histoire. Mais nous ne voulons point remonter si haut ; nous nous bornons aux faits contemporains.

II.

La lutte qui vient d'aboutir à la déchéance du roi Ferdinand n'est pas récente : elle date des premières années de la révolution française. Chassée de Naples par la République Parthénopéenne, la cour vint s'établir à Palerme, et n'y signala son séjour que par des exigences financières et des abus d'autorité dont la leçon qu'elle venait de recevoir aurait dû pourtant la guérir, si rien pouvait ouvrir les yeux d'un gouvernement qui s'entête à les fermer. Jupiter aveugle ceux qu'il veut perdre. Une mésintelligence profonde éclata dès-lors entre la couronne napolitaine et la nation sicilienne, et l'on ne peut dire jusqu'où les choses auraient pu aller, si la cour n'eût été miraculeusement rappelée à Naples à la suite et sous les auspices du trop fameux cardinal Ruffo. On sait, de reste, quels auxiliaires lui rouvrirent le chemin de sa capitale, et quelles vengeances y marquèrent son retour.

La Sicile eut le contre-coup de ces vio-
lences, malgré l'hospitalité qu'y avaient
trouvée les proscrits couronnés ; ce qui ne
les empêcha point d'y chercher asile une
seconde fois, lorsque, d'un trait d'épée, le
vainqueur d'Austerlitz eut déclaré que les
Bourbons de Naples avaient cessé de régner. Ils y reçurent cette fois un accueil
assez froid ; éclairés par une première ex-
périence, les Siciliens connaissaient à fond
leurs hôtes ; ils savaient quels vampires
s'abattaient sur eux pour les dévorer. La
mésintelligence du premier séjour dégé-
néra en guerre ouverte.

Les notions les plus élémentaires de la
politique conseillaient à la cour de ména-
ger les Siciliens, ne fût-ce que dans son intérêt bien entendu. Dépouillée de ses états
du continent, réduite à la seule île qui

abritait leur infortune, elle aurait dû, ce semble, s'en concilier les habitants, et faire bon ménage avec eux. Que fallait-il pour cela ? Respecter leurs droits. Elle prit à tâche, au contraire, de les violer tous. Il en résulta une chose fort grave pour les deux parties, c'est que l'Angleterre intervint à titre de médiatrice; médiation intéressée qui ne fut bientôt (on devait le prévoir) qu'une prise de possession déguisée. La reine Caroline, qui régnait et gouvernait sous le nom de son vieil époux Ferdinand, y perdit sa couronne et s'en alla mourir dans l'exil; la nation sicilienne y gagna, elle, le plus affreux des mécomptes.

Entrons dans quelques détails.

Quoique demeurée sous le régime féodal, la Sicile eut de tout temps un parlement, composé des trois ordres de la nation : le clergé, la noblesse et les villes. Ses pouvoirs législatifs étaient bornés; mais il tenait la bourse et votait les subsides. Le roi ne pouvait sans lui toucher un centime. Roi de Naples, il administrait comme il l'entendait ses domaines napolitains; roi de Sicile, force lui était de compter avec le parlement; il n'était roi de l'île qu'à cette condition. Les deux couronnes étaient distinctes et réunies sur la même tête en vertu de traités consentis des deux parts, à peu près comme les couronnes de Hongrie et d'Autriche sont tombées toutes les deux dans la maison de Habsbourg. Ferdinand, comme roi de Naples, était Ferdinand IV; il était Ferdinand III comme roi de Sicile. On verra plus tard par quel tour de gobelets ces deux chiffres significatifs furent escamotés.

A peine débarquée en Sicile, la cour attenta ouvertement à la constitution. Il lui fallait de l'argent pour faire face à ses dilapidations et à celles de ses familiers napolitains ; elle frappa, sans l'aveu du parlement et de son autorité privée, des impôts arbitraires. « La Sicile est une éponge d'or, » avait dit la reine Caroline; joignant l'acte à la parole, elle et les siens, la pressaient sans mesure et sans contrôle. Les personnages les plus considérables du parlement protestèrent avec une noble énergie; on les arrêta. Il fut question de leur faire expier leur audace sur l'échafaud ; on voulut bien se contenter de les déporter (1). La querelle s'enve-

(1) Nous renverrons les lecteurs curieux d'entrer plus avant dans les faits de cette époque, à deux mé-

nima au point de rendre impossible tout rapprochement.

C'est alors que l'Angleterre se mit de la partie. La Sicile était pour elle un point militaire de la plus haute importance ; que lui manquait-il pour s'en emparer ? Un prétexte. Elle n'eut garde d'en laisser échapper un si bon. Elle commença par éconduire la reine. Le roi fut relégué dans

moires récents fort instructifs tous les deux : l'un, publié cette année même par MM. Pantaleoni et Lumia, l'autre (*La Sicile et les Bourbons*), dû à la plume consciencieuse de M. Michel Amari, que son histoire des Vêpres Siciliennes a placé au premier rang des historiens de l'Italie. S'il était permis de se citer soi-même, nous rappellerions *Caroline en Sicile*, un roman qui n'a presque d'un roman que le titre, et dont tous les faits historiques sont rigoureusement vrais, puisés aux sources les plus authentiques.

une maison de campagne où la chasse
devait le guérir d'une maladie imaginaire,
et son fils François, investi de toute l'autorité royale, prit les rênes du gouvernement, à titre d'*alter ego* et de vicaire
général du royaume.

La féodalité fut abolie. Le parlement
fut maintenu ; mais ses formes surannées
n'étaient plus en rapport avec les temps ;
il se réforma lui-même ; une constitution,
basée en grande partie sur le vieux droit
public sicilien, disséminé dans les capitu-
laires, fixa nettement les prérogatives re-
spectives de la couronne et de la nation.
Le roi la sanctionna par délégation, se ré-
servant de la violer dès qu'il pourrait le
faire sans danger. Ayant repris ses pouvoirs en 1814, il ouvrit en personne la
session de cette année-là. Mais, à peine

réuni, le parlement fut dissous. Un autre eut le même sort l'année suivante; puis il ne fut pas plus question du parlement que s'il n'eût jamais existé.

L'Angleterre, qui avait tiré de la Sicile et des Siciliens le parti qu'elle espérait en tirer, les abandonna avec une perfidie toute carthaginoise. Sir William A'Court fut envoyé par lord Castelreagh pour défaire ce qu'avait fait lord William Bentinck. Le congrès de Vienne ne s'occupa point de la Sicile, dont il n'avait point, en effet, à s'occuper; puisqu'elle seule, ou à peu près seule en Europe, elle n'était point tombée dans le tourbillon de l'Empire.

Le vieux roi Ferdinand fut réintégré dans ses États purement et simplement, sous le titre passablement ridicule de roi des Deux-Siciles. Une fois réintégré, il se baptisa de sa propre main Ferdinand Ier, voulant indiquer par cet ingénieux expédient que Ferdinand III de Sicile et Ferdinand IV de Naples ne faisaient plus qu'un seul et même souverain, et que Ferdinand Ier n'était nullement lié par les engagements que Ferdinand III avait pu prendre vis-à-vis des Siciliens. Puis le rideau tomba sur cet odieux intermède, et l'Europe détourna les yeux de cette île abandonnée.

III.

Il faut rendre aux Siciliens la justice de dire que, abandonnés de tout le monde, ils ne s'abandonnèrent point eux-mêmes.

2.

Ils ne cessèrent jamais de revendiquer leur parlement si audacieusement confisqué. Ils étaient dans leur droit, ils ne furent pas écoutés.

La révolution napolitaine de 1820 aurait pu, aurait dû rendre à la Sicile les institutions qu'on lui avait ravies ; mais la division se mit dans l'île sur la manière d'entendre et d'appliquer à la Sicile la constitution espagnole proclamée à Naples.

La question était celle-ci :

Les Siciliens n'avaient aucune répugnance à substituer la constitution espagnole à leur propre constitution ; mais en envoyant leurs députés à Naples, ils étaient absorbés par Naples et tombaient au rang de simple province napolitaine, au même titre que l'Abbruzze et la Calabre ; or, c'est là ce qu'ils ne voulaient pas, et ils avaient

raison de ne le point vouloir. Ils enten-
daient conserver leur individualité et re-
lever d'eux-mêmes, non d'une capitale
étrangère.

Il est bien certain que le centre de l'administration, de la justice, de la guerre,
le centre de tout, en un mot, étant une fois
et de leur propre aveu transporté à Naples,
Naples était tout, Palerme rien. Or, de quel
droit subalterniser l'un au profit de l'autre ?
Ils demandaient donc une chose raisonna-
ble en disant : « Nous désirons rester nous,
« vivre de notre vie, être notre propre
« centre, sauf à nous rattacher à Naples
« aussi fortement qu'on le voudra par le
« lien politique. Nous aurons la même con-
« stitution, le même roi, mais chacune des
« deux nationalités aura son administra-
« tion distincte, son budget à part, son ar-

« mée à elle, et de cette façon, aucun des
« deux États n'étant sacrifié à l'autre , l'ac-
« cord entre eux ne sera que plus facile,
« l'union plus étroite. »

La question posée en 1820 est la même
ou à peu près que la question posée aujour-
d'hui ; mais le débat s'est agrandi de toute
la grandeur des circonstances. Ce n'est plus
à Naples seulement que la Sicile entend se
relier politiquement, c'est à l'Italie tout entière. N'anticipons pas sur les événements ; restons à 1820.

Les troupes napolitaines avaient été chas-
sées de Palerme ; elles se maintinrent à
Messine et dans quelques villes principales.
Une sanglante anarchie s'ensuivit. On en
vint aux mains sur plusieurs points. Enfin
une capitulation fut signée devant Palerme,
mais ne fut point ratifiée par le parlement

napolitain, sous prétexte qu'elle était déshonorante pour l'armée; ce qui n'empêcha pas les Napolitains de conserver les places et le matériel dont ils s'étaient emparés en vertu de cette même capitulation. Quelle loyauté! Les hostilités allaient recommencer sans doute, lorsque les Autrichiens vinrent mettre les parties d'accord en rétablissant au delà comme au deçà du Phare la paix du tombeau.

IV.

Rien ne saurait peindre l'oppression, la ruine, toutes les misères de la Sicile, à partir de cette lamentable époque. L'auteur l'a visitée, habitée même dans le cours de cette funeste période; on ne le croirait pas s'il disait tout ce qu'il a vu. Naples la traitait à la lettre en province conquise, et travaillait par tous les moyens possibles à détruire, à effacer jusqu'au dernier vestige sa nationalité; si elle n'y a pas mieux réussi, c'est qu'elle n'a pu; ses mauvais desseins n'ont eu d'autre limite que son incapacité. La Sicile n'était plus qu'une colonie exploitée par une métropole; or, on sait avec quel arbitraire, quel sans-gêne les colonies ont toujours été traitées.

Avait-on une affaire? Il fallait se résigner à n'en voir jamais la fin, si l'on ne pouvait aller à Naples acheter une solution. Faute d'encouragement, de capitaux, de culture, et grâce à des impôts excessifs, l'antique terre de Cérès, cette terre autrefois si fertile, qu'elle nourrissait Rome et l'Italie, était, est encore la terre du dénuement. L'industrie ne comptait que pour mémoire. La dilapidation des finances publiques était au comble. A peine affectait-on aux besoins de la Sicile quelques fractions imperceptibles du revenu national ; tout le reste allait s'engloutir dans les caisses de la métropole, nouveau tonneau des Danaïdes, que les malheureux insulaires étaient condamnés à remplir. Remplissez donc un tonneau sans fond.

L'île était sans routes ; s'agissait-il d'en ouvrir une ? avant d'avoir donné le premier coup de pic, on avait dépensé en plans, en voyages, en paperasserie de toute espèce, plus d'argent qu'il n'en eût fallu pour construire la route ; et, les fonds se trouvant

épuisés dès le début, la route était abandonnée. Il est vrai que ce que perdait la
Sicile Naples le gagnait dans la personne
de ses ingénieurs, agents-voyers, de tous
ces oiseaux de proie insatiables, qui ni-
chent dans les bureaux comme dans des
aires pour dévorer au passage la substance
des citoyens.

Tous les travaux publics étaient enten-
dus et conduits avec la même intelligence.
Vous voyez d'ici les résultats de ce mer-
veilleux système. J'en excepte une prison
dont le roi actuel dirigea en personne la
construction, et qui, grâce à ses soins pa-
ternels, fait aujourd'hui l'ornement de Palerme. Ceci rappelle le navigateur qui écri-
vait sur le journal du bord : « Ayant aperçu
« un gibet sur la côte, nous comprîmes
« que nous abordions un pays civilisé. »

L'instruction publique était nulle; pour ce chapitre du budget, il ne se trouvait jamais d'argent, mais il y en avait toujours pour la police. Cette science-là est la seule qui eût été étudiée, perfectionnée, raffinée, et, chose pénible à dire! les évêques et leurs prêtres étaient chargés de la réduire en catéchisme; plusieurs même, dit-on, la pratiquaient au confessionnal. Les choses en étaient venues à ce point que la police absorbait le gouvernement, ou, pour mieux dire, c'était un gouvernement de police. La police dominait tout : tribunaux civils, tribunaux politiques, église, armée, administration, tout fléchissait devant elle. Le rouage important de la machine sociale était le sbire; le bourreau seul était au-dessus de lui, et planait sur la Sicile. Le mot terrible du

comte de Maistre était devenu une sanglante réalité.

Une conspiration découverte ou peut-
être inventée en 1822, fut l'occasion d'un
grand nombre d'exécutions capitales;
1831 paya plus tard son contingent; 1837 le
paya bien plus encore : des troubles ayant
éclaté dans l'île à propos du choléra, Del
Carreto, ce Tristan d'un autre Louis XI,
mais d'un Louis XI manqué, mit en usage
ses moyens favoris : plus de cent têtes lui
composèrent un nouveau trophée : un en-
fant de douze ans ne fut pas même épargné.
Nous taisons les bastonnades, les bannis-
sements, les tortures; oui, tortures, car
la question se pratiquait sous plus d'une
forme dans le secret des prisons : on y
interrogeait les patients à coups de nerfs
de bœuf; on les suspendait par les bras;

on leur serrait la tête avec des cordes à nœuds. Imaginez tout ce que peut rêver le zèle intéressé d'un subalterne, quand ses barbaries, loin d'être punies, reçoivent une prime d'encouragement.

Voilà les choses que nous avons, non pas lues, mais vues, et nous en passons bien d'autres. Nous le répétons, on ne nous croirait pas. Le vrai, comme l'a fort bien dit le poëte, peut quelquefois n'être pas vraisemblable.

Nous voici rejeté bien loin des discussions parlementaires de 1810, et des garanties constitutionnelles tant de fois jurées par la couronne napolitaine. Nous le demandons sincèrement, impartialement, de quel côté est le parjure et la trausgression du droit?

V

En 1847, la mesure était comble. Le roi de Naples s'était mis en insurrection ouverte contre les institutions sur lesquelles reposait sa propre existence en tant que roi de Sicile; c'était là un manque de foi et une usurpation ; la nation rentrait dans son droit de résistance; et non-seulement son droit, mais son devoir était de refouler la royauté dans ses limites, comme on fait rentrer dans son lit un torrent débordé.

Avant d'en appeler aux armes, elle eut recours aux sommations respectueuses, suppliant le roi de sortir de la funeste impasse où il s'était fourvoyé, et de rentrer franchement, loyalement, dans la voie de la légalité. Dans les rues, dans les théâtres, on criait en même temps : Vive le roi! et : Vivent les réformes! Le roi répondit par des arrestations. Les réformes n'avaient donc plus d'espoir que dans la force.

Vers la fin de décembre, une espèce de cartel fut affiché au coin des rues de Palerme. On y sommait une dernière fois le roi d'avoir à céder enfin au vœu national, on lui assignait pour terme fatal le 12 janvier suivant. Si ce jour-là il n'avait pas donné satisfaction à la nation sicilienne, le gouvernement serait attaqué les armes à la main. C'était jouer cartes sur table, et l'on ne pouvait certes faire une déclaration de guerre plus loyale. On rit fort à la cour de cet insolent ultimatum, et pour

toute réponse on opéra de nouvelles arrestations. Mais le gant était jeté, et l'était
résolument : le coup de main annoncé eut
lieu le jour dit, au milieu de la canonnade
qui célébrait l'anniversaire de la naissance
du roi. Une poignée d'habitants à peine ar-
més obligèrent la garnison napolitaine,
forte de six à sept mille hommes, de se
jeter dans le château et autres lieux re-
tranchés, où elle se mit à l'abri.

Des renforts considérables arrivent de
Naples, amenés par le propre frère du roi,
le comte d'Aquila. Palerme est bombardé
impitoyablement pendant plusieurs jours.
Violence inutile ! La place tient ferme ;
l'ennemi ne gagne pas un pouce de ter-
rain. Enfin, le 25, après treize jours de
combats, la victoire se rangeant cette fois
du côté du bon droit, se déclare pour les

Siciliens, et le roi demande à capituler. C'était s'en aviser un peu tard, mais enfin il venait à composition, et il y a plus de joie au ciel pour un seul pécheur qui se repent, que pour dix justes qui n'ont pas besoin de repentance. Mais au moins faut-il que le repentir soit sincère, et les événements ont prouvé combien celui de Ferdinand l'était peu.

L'île entière, à l'exemple de Palerme, avait arboré l'étendard de l'indépendance, et sa première pensée fut de convoquer son parlement dissous et muet depuis trente-trois ans. Quelques modifications y furent apportées afin de l'approprier au nouveau courant des idées, mais le fond de l'institution resta le même. L'ouverture de la session fut fixée au 25 mars.

Sur ces entrefaites, les Napolitains s'étaient émus de l'exemple que venaient de leur donner leurs voisins de Sicile. Menacé à Naples comme à Palerme, le roi avait dû, pour sauver la couronne ébranlée dans les deux Etats, promettre une constitution qui fut publiée en effet le 29 janvier.

Ce coup de théâtre ne changeait pas la situation des Siciliens; la question posée en 1820 se posait de nouveau en 1848. La Sicile avait combattu pour reprendre son individualité, et non pour rester une province napolitaine ; or, en dépit de la constitution nouvelle, l'organisation du pouvoir exécutif et la centralisation administrative maintenue à Naples, laissaient la Sicile dans la condition d'où elle avait voulu sortir, d'où elle était sortie par la force des armes.

Le roi essaya de tourner la difficulté en

instituaut à Naples, par son décret du 6 mars, un ministère pour les affaires de Sicile. Pure dérision ! Isolé dans le conseil, et seul contre les neuf autres membres du cabinet, le ministre, investi de ce portefeuille unique, n'aurait et ne pourrait avoir, par la force même des choses, qu'une autorité nominale. L'opinion de ses neuf collègues l'emporterait toujours dans la balance. Sans compter qu'il devait être responsable devant le parlement sicilien, tandis que les autres ministres l'étaient devant le parlement napolitain. Quelle confusion ! Quelle inextricable complication ! En théorie, une pareille combinaison est absurde ; en pratique elle serait impossible.

Il ne fallait pas beaucoup de clairvoyance pour voir cela, et le piége était trop grossier pour que les Siciliens s'y laissassent

prendre. Dès le début de l'insurrection,
un comité révolutionnaire s'était constitué
à Palerme, et fonctionnait régulièrement
sous la présidence du vénérable amiral
Roger Settimo, l'un des hommes les plus
considérés de toute la Sicile, et qui avait
marqué dans les précédents parlements.
Lord Minto, chargé par le roi d'apporter à
Palerme le décret du 6 mars, le remit au
président du comité, investi alors des fonc-
tions de lieutenant-général de l'île, à peu
près vice-roi ; celui-ci refusa d'ouvrir le
pli royal, le renvoyant au comité qui, dans
sa séance du 12 mars, le déclara contraire
à la constitution, et le tint par conséquent
pour nul et non avenu. Par égard pour lord
Minto, plus que par égard pour le roi, on
consentit cependant à ne pas rompre les né-
gociations, et les pourparlers continuèrent.

Le roi avait accepté la constitution sicilienne et homologué l'acte de convocation
du parlement; mais, au moment où la session allait s'ouvrir, un bateau à vapeur
napolitain apporta une protestation du roi,
qui se donnait à lui-même un démenti for-
mel. Le parlement ne s'en ouvrit pas moins,
au jour fixé, avec beaucoup de solennité et
au milieu des sympathies universelles. Il
s'occupa, avec une grande activité, et une
égale énergie, de la réforme des abus dont
l'île était rongée. C'était entreprendre les
travaux d'Hercule ; les étables d'Augias
étaient propres, comparées à l'administration napolitaine en Sicile. Il pourvut, avec
non moins d'énergie, à la défense du territoire et à la consolidation de l'indépendance , conquête précieuse qui ne pouvait
manquer d'être attaquée avec fureur.

Roger Settimo fut maintenu à la tête du pouvoir exécutif, sous le titre de Président du gouvernement. Ce n'était là qu'un intérim, une magistrature provisoire ; il s'agissait de prendre, vis-à-vis du roi de Naples, une position nette et un parti définitif. Après avoir attendu vainement, pendant deux semaines, les résultats de l'intervention de lord Minto, et ces résultats menaçant de se faire attendre indéfiniment, le parlement trancha dans le vif. Pressé à la fois par les événements intérieurs et extérieurs, il déclara, dans sa séance du 13 avril, que Ferdinand de Bourbon et sa dynastie étaient à jamais déchus du trône de Sicile, et qu'un prince italien serait choisi pour occuper le trône désormais vacant.

Une fête publique et un enthousiasme

tel que, de mémoire d'homme, on n'en avait jamais vu de pareil, répondirent à cet acte vigoureux. Le cri de : *Fuori Borboni!* retentit d'un bout à l'autre de l'ile, avec l'unanimité d'une haine sans mélange. La satisfaction d'une justice accomplie se confondait dans toutes les âmes avec l'espérance d'un avenir réparateur. L'interrègne dura trois mois ; enfin, dans la séance du 10 juillet, le parlement donna la couronne de Sicile au duc de Gênes, fils cadet du roi Charles-Albert (1), qui, jusqu'au jour de l'immense désastre qui vient, lui-même, de le précipiter du trône, n'avait encore ni accepté ni refusé le ca-

(1) Il n'est plus permis d'écrire désormais ce nom sans payer à une noble infortune un tribut de sympathie et de respect. Malgré ses antécédents, et quoique la fortune ait trahi ses armes, Charles-Albert a bien mérité de l'indépendance italienne.

4

deau fait à sa maison. Déjà, au dix-hui-
tième siècle et à la fin du dix-septième, la
maison de Savoie avait été appelée à régner
en Sicile, où la maison de Bourbon la
remplaça en 1735.

VI

On ne pouvait, raisonnablement, sup-
poser que le roi de Naples acceptât sans
résistance le décret du 10 juillet, et les
Siciliens s'attendaient bien à sa visite. Elle
ne se fit pas longtemps attendre. Après
deux mois de préparatifs, une armée na-

politaine se trouva prête à envahir la Sicile ; commandée par le général Filangieri,
fils du publiciste commenté par Benjamin
Constant, cette armée se composait de
seize mille hommes, dont deux mille cinq
cents Suisses ; étrange mission pour des
républicains ! Deux frégates et dix-huit va-
peurs de guerre étaient affectées au trans-
port des troupes. Une multitude de cha-
loupes canonnières renforçaient l'escadre
de débarquement, appuyée d'ailleurs par
une formidable artillerie. Ajoutez à cela les
trois cents bouches à feu de la citadelle de
Messine, le seul point de l'île resté au
pouvoir des Napolitains, et qui, dès le mois
de janvier avait foudroyé la ville plusieurs
fois, jusqu'à ce qu'enfin un tardif armistice
eût mis un terme à ces vengeances bar-
bares et inutiles.

La première tentative de débarquement eut lieu à Messine, le 3 septembre; mais après un combat de deux jours et demi, l'ennemi dut se retirer en Calabre, laissant à la citadelle le soin de réduire les habitants. Une pluie de fer et de feu ne cessa dès lors de pleuvoir sur cette noble et vaillante cité, que la nature et les hommes semblent avoir vouée, à l'envi, à toutes les calamités. Quand les tremblements de terre l'épargnent, les bombardements la démolissent. Celui du mois de septembre l'a presque entièrement ruinée : les citoyens n'en défendaient pas moins, avec un courage indomptable, les lambeaux fumants de leurs maisons ; mais toute résistance était devenue impossible ; quand le général Filangieri se présenta de nouveau à la tête de son armée, il ne trouva plus que des décombres et des cadavres. Il ne lui fut pas difficile de s'en rendre maître.

Arrêtons-nous ici quelques instants. Le sac de Messine a produit, en Europe, une émotion profonde; il a été le texte d'une polémique ardente, de violentes récriminations. Essayons de lui donner son véritable caractère.

Une fois la guerre allumée, et elle était inévitable, on ne saurait faire un crime aux Napolitains d'avoir voulu s'emparer de Messine; mais on leur a reproché d'avoir commencé le bombardement sans sommation; or, ce reproche est fondé, le fait est incontestable.

Le 3 septembre le feu commence au point du jour, sans que la ville eût reçu aucune sommation, aucun avis; et cela est si vrai que les étrangers n'avaient pu mettre en sûreté ni leurs biens, ni leurs personnes. Le vice-consul de France, M. de Maricourt, avait été prévenu, c'est vrai, mais à quelle heure? Le 2, à onze heures du soir. Dès le matin du lendemain il fait sortir du consulat ses trois enfants pour les embarquer à bord de l'*Hercule*; à peine sont-ils dans la rue qu'une bombe tombe à côté d'eux. Des Siciliens se jettent sur les enfants pour leur faire un rempart de leurs corps; la bombe éclate; un seul des enfants est blessé, mais trois de leurs libérateurs sont tués raide à leurs pieds. De pareils traits, nous le pensons, méritent quelque estime, et le peuple qui en est cable n'est pas, quoi qu'on ait pu dire, un peuple de cannibales. Donc sur ce premier point les Napolitains ont violé le droit des gens, droit accepté et pratiqué par toutes les nations civilisées.

Au surplus, ils ne se piquent pas de le respecter beaucoup : sept mois auparavant ils l'avaient déjà transgressé de la manière la plus coupable. Le fait est peu connu; le voici tel qu'il nous a été rapporté par des témoins oculaires. Au mois de janvier, quand le général Désauget, qu commandait la première expédition contre Palerme, fut obligé de se rembarquer, ce qu'il fit à Solanto, dans la plus grande confusion, savez-vous comment il se vengea de sa défaite? En ouvrant les bagnes et les prisons, et en lançant contre Palerme trois à quatre mille galériens ou prisonniers qu'on avait fait jeûner pendant quarante heures, afin sans doute, de les exaspérer, en les réduisant à l'état de loups affamés. Mais ces malheureux donnèrent au général de Ferdinand une leçon d'humanité. Ils entrèrent à Palerme sans y commettre aucun désordre.

Le roi fit pis encore : il lâcha sur la Sicile pendant plusieurs mois tous les forçats siciliens qui se trouvaient à Naples, afin qu'ils pussent jeter dans leur île natale le trouble et l'anarchie. C'est ainsi que dans les guerres de l'antiquité on lançait, à force de machines, pour en infecter l'air et faire périr par la peste les habitants, des cadavres d'animaux dans les places assiégées.

Le malheur des guerres civiles est l'acharnement qu'on y porte et le caractère de férocité qu'elles prennent. On en veut moins à l'ennemi qui vient de loin et que l'on ne connaît pas, qu'à l'ennemi qui nous touche et que l'on voit tous les jours. Les fils d'une même patrie sont implacables les uns à l'égard des autres, et, en vertu du même principe, (triste principe!) les membres d'une même famille le sont davantage encore. Diderot prétend que l'homme a en lui quelque chose de tous les animaux de la création. L'instinct des bêtes carnassières s'y doit trouver en bien forte dose.

Il s'est commis de part et d'autre, en cette occasion, d'épouvantables excès. On a accusé des Siciliens d'avoir mangé du Napolitain; il est possible que quelque tigre à face humaine ait assouvi cet effroyable caprice, d'autant plus que les Napolitains ont été les premiers à donner cet exemple, lorsqu'en 1799 on vendait et l'on mangeait

dans les rues de Naples de la chair de ré-
publicain.

Mais passons sous silence les excès
isolés qui ne sont jamais que le crime d'un
individu. Les princes qui précipitent les
nations dans des guerres impies sont responsables de ces excès en surexcitant eux-
mêmes, au profit de leurs ambitieux cal-
culs et de leur insatiable personnalité, les
mauvais penchants des hommes, tandis
que leur devoir, leur mission sur la terre
est de les réprimer.

Le meurtre, l'incendie, le viol, le pil-
lage signalèrent partout dans les campa-
gnes, dans les faubourgs, la présence des
troupes napolitaines. Elles tuaient pour
tuer, elles brûlaient pour brûler. Là dessus les détails abondent. Le 7, une fois que
la ville s'était rendue et que toute résis-

tance avait par conséquent cessé, ces fureurs sauvages auraient dû cesser aussi. Pourtant il n'en fut rien ; elles continuèrent avec la même atrocité. Et d'abord la citadelle tirait toujours sur la ville, au risque de tuer du même coup amis comme ennemis. Dans cette même journée du 7, les Napolitains ayant mis le feu à l'hôpital, le brûlèrent avec tous les blessés qu'il renfermait, et qu'on rejetait dans les flammes à coups de baïonnettes. Un vieillard de quatre-vingts ans eut le même sort dans sa propre maison. Un autre octogénaire, M. Kilian, consul de Grèce et de Bavière, fut blessé par la soldatesque dans son consulat. Deux officiers du *Panama* et le propre fils de M. de Maricourt, le furent également et de la même manière. On pillait les maisons. Vieillards, enfants,

rien ne trouvait grâce aux yeux de ces for-
cenés. Ils jetaient les femmes par les fe-
nêtres après avoir abusé d'elles. Certaines
rues étaient jonchées de leurs cadavres.

Le 8, M. de Maricourt, voyant recommencer ces abominations contre une ville
réduite et désormais inoffensive, et la citadelle, d'ailleurs, tirant toujours, M. de Maricourt sortit du consulat qui servait de re-
fuge à des centaines de fugitifs, et à travers
mille dangers, mille menaces, se rendit à
la citadelle même pour obtenir du général
Filangieri qu'il cessât le feu. Il lui fallut
trois heures pour franchir un espace de
cinq cents mètres à travers les morts et
les mourants qui encombraient les rues.
L'exécuteur des vengeances de Ferdinand
céda aux représentations de M. de Maricourt, qui déploya dans ces terribles con-

jonctures un courage héroïque, et fut la providence de cette population décimée (1).

Enfin, le feu cessa, et il en était temps, car le général napolitain lui-même déclare, dans une proclamation datée de Messine, que la plupart des maisons de la ville ne pouvaient servir même à loger le soldat. Plus tard, cependant, n'a-t-il pas eu l'audace de dire en pleine chambre des pairs, que les Napolitains n'en avaient pas fait plus à Messine que les Français à Austerlitz et à Iéna!

Les énormités se commettaient sous les yeux des escadres anglaise et française, ou du moins d'une partie de ces deux es-

(1) Est-ce à cause de ces services, ou malgré ces services, que M. de Maricourt est tombé dans la disgrâce du gouvernement français?

cadres, commandées, l'une par le vice-
amiral Parker, la nôtre par le vice-amiral
Baudin. Les bâtiments des deux nations,
mouillés dans les eaux du Phare, assistè-
rent avec l'impassibilité du destin, que
dis-je ?... de la politique, à ces monstruo-
sités. Cependant, les deux amiraux, alors
à Naples, s'émurent à l'idée que des forfaits
pareils allaient se renouveler sur d'autres
points de la Sicile, et ils s'interposèrent
pour en arrêter le cours. Le roi protesta
contre la violence qu'on lui faisait, di-
sait-il ; pourtant il se soumit à un armistice. Ses troupes, aux termes de cette
convention, devaient occuper Messine, Mi-
lazzo, Barcelone, avec un rayon de plusieurs lieues. Les Siciliens gardaient les
autres positions, et une zone neutre était
marquée entre les deux armées, afin de

prévenir entre elles les collisions d'avant-
postes à avant-postes. Cette trêve conclue,
les deux cabinets de Londres et de Paris
offrirent leur médiation pour un arrange-
ment définitif; leur offre fut acceptée.

VII

Quelles avaient été jusqu'alors les dispositions des deux puissances? Au début
de la révolution, c'est-à-dire au mois de
janvier 1848, le gouvernement de Louis-
Philippe s'était montré naturellement hostile aux Siciliens. L'Angleterre suivait une

politique tout opposée, et se montrait favorable à leur indépendance, comme si elle eût été jalouse de réparer à leur égard ses torts de 1815. La révolution de février éclate, Louis-Philippe est chassé du trône, la république est proclamée en France; on devine la joie des Siciliens, leurs espérances. Ils se crurent dès lors sauvés.

La politique française changea, en effet, et d'hostile devint sympathique. Le décret du 13 avril, qui prononçait la déchéance de Ferdinand, fut bien reçu des deux puissances, et les envoyés siciliens trouvèrent un bon accueil à Londres comme à Paris. Reconnus d'abord officieusement, on leur promit qu'ils le seraient officiellement immédiatement après l'élection du nouveau roi. Le nouveau roi fut élu.

Dès ce moment, les deux amiraux Parker et Baudin saluèrent le pavillon sicilien comme celui d'une nation indépendante. Un brick à vapeur anglais emmena à Gênes le courrier chargé de porter à Turin la nouvelle de l'élection, et quelques jours plus tard, quoique le fils cadet du grand-duc de Toscane, que la France recommandait comme son candidat, n'eût pas été nommé, une frégate à vapeur française fut mise à la disposition des commissaires chargés d'aller présenter au nouveau roi la nouvelle constitution et le texte du décret qui l'appelait au trône de Sicile.

Pendant ce temps, les autorités siciliennes, le président du gouvernement, les ministres, le commandant de la garde nationale, recevaient des deux escadres le salut d'usage toutes les fois qu'ils leur rendaient visite. Dès le 12 juillet, c'est-à-dire deux jours après l'élection du duc de Gênes, le vice-amiral Parker assistait à Palerme avec ses officiers à une messe solennelle où le roi de Sicile, ou en son absence, son représentant, avait le droit d'intervenir en sa qualité de légat-né du Saint-Siége. N'oublions pas d'ajouter que jusqu'au 10 décembre dernier le gouvernement français a vendu aux Siciliens toutes les armes dont ils avaient besoin.

Certes, de pareilles démarches étaient significatives. Qui n'y aurait vu des engagements formels et des gages donnés par l'Angleterre et la France à la révolution du 12 janvier? De là à une reconnaissance en règle il n'y avait qu'un pas. Mais ce pas ne fut jamais franchi. Au lieu d'avancer, les deux puissances reculèrent, la France plus encore que l'Angleterre, quoique la France soit en république. Au moins lord Palmerston n'a-t-il pas manqué une seule occasion de désavouer, tant à la tribune que dans ses journaux, la politique de lord Castelreagh et déploré l'abandon de 1815. Il n'a cessé de déclarer qu'à ses yeux les Siciliens n'étaient point des insurgés.

Lord Palmerston a raison, car ici l'insurgé c'est le roi de Naples, qui, en violant, en détruisant la constitution en vertu de laquelle il est roi de Sicile, a perdu ainsi, et par son propre fait, tous ses droits sur ce royaume. Il a couru lui-même au devant de sa chute. Tout pacte est synallagmatique, et puisqu'on veut que les traités lient les peuples, c'est bien le moins qu'ils lient aussi les princes. La guerre que le roi de Naples fait aux Siciliens est une guerre injuste, une guerre d'invasion, de conquête. La lettre des contrats est contre lui non moins que leur esprit. Nous allons plus loin et nous soutenons qu'en droit Ferdinand II ne fut jamais roi de Sicile pas plus que son père François Ier ne l'avait été ; nous le disons et nous allons le prouver.

La Charte de 1812, sanctionnée, jurée, pratiquée par le vieux roi Ferdinand, ne reconnaît pour roi de Sicile que celui qui a demandé lui-même à être reconnu pour tel deux mois au plus après la mort de son prédécesseur, et qui a prêté serment à la constitution ; or, ni le fils du vieux Ferdinand, François Ier, ni son petit-fils Ferdinand II n'ont rempli ces conditions : ni l'un ni l'autre n'ont été reconnus par la nation réunie en parlement. Donc tous les deux n'ont été rois que de fait, de droit ils ne le furent jamais. Bien plus, aux termes de la constitution, le roi de Sicile ne peut être en même temps roi de Naples ni d'aucun autre État. Le trône de Sicile était donc vacant, et l'élection du 10 juillet a tous les caractères de la plus sévère légalité. Tout cela est compris implicitement dans le mot de lord Palmerston : «Non, les Siciliens ne « sont pas des insurgés. »

Le nom de lord Palmerston nous ramène à la médiation proposée et acceptée au mois de septembre dernier. Depuis ce temps qu'a-t-elle fait ? Elle s'est traînée cinq ou six mois sans solution, plutôt contraire que favorable aux Siciliens. M. de Rayneval, d'accord avec l'amiral Baudin, négociait au nom de la France, MM. Temple et Parker au nom du cabinet de Saint-

James. Enfin, ce long et laborieux enfantement est venu à terme et a donné son fruit. *Ridiculus mus.*

Un statut du roi de Naples, daté de Gaëte le 28 février 1849, est ce fruit miraculeux attendu si longtemps. La Sicile a une constitution ratifiée par le roi lui-même ; le plus simple était de s'y tenir, sauf à en changer plus tard par la voie législative les dispositions jugées défectueuses dans l'application. Au lieu de cela, le statut de Gaëte confond et bouleverse tout de par le bon plaisir de sa majesté.

Nous n'entreprendrons pas l'analyse de ce document fallacieux. Quelques articles suffiront pour faire juger des autres.

Et d'abord, quant au pouvoir législatif, il est dit que le roi l'exerce collectivement avec le parlement ; voilà le principe, mais dans le fait, les choses sont arrangées de façon à ce qu'il réside dans le roi tout seul : c'est ainsi, par exemple, qu'il se réserve, à lui-même, dans la plénitude de ses pouvoirs, la faculté de faire une loi sur la presse. Que devient le pouvoir législatif du parlement dans cette ingénieuse combinaison ? Autre chose : toutes les lois organiques en vigueur jusqu'au 12 janvier, jour de la révolution, sont maintenues ; or, ces lois, nous avons vu plus haut ce qu'elles étaient ; et dans ce tableau véridique nous avons adouci plutôt que chargé les couleurs, c'est-à-dire, qu'en ayant l'air d'accepter la révolution, on maintient, en réalité, les causes de la révolution.

Il est vrai que le parlement pourra modifier ces lois, d'accord avec le roi. Voilà la lutte engagée dès le début, et, d'après la composition du parlement, le roi peut, à son gré, s'y créer une majorité ; en effet, la chambre des pairs, l'un des trois pouvoirs constitutionnels, est tout entière à la nomination du roi, sans autre condition d'éligibilité que celle de l'âge : il suffit d'avoir quarante ans. A la tête des pairs de sa création, dont le nombre est illimité, le roi fera la loi à la chambre élective des communes toutes les fois qu'il le voudra. Celle-ci, d'ailleurs, est composée de députés censitaires, nommés par des électeurs censitaires eux-mêmes. Les capacités n'y ont pas même accès à titre de capacités.

En ce qui touche au pouvoir exécutif, c'est bien autre chose vraiment. Le roi sera représenté en Sicile par un vice-roi ; mais quelles seront les attributions de

l'un? quelles seront celles de l'autre? Là-
dessus le statut garde le silence, et nous
entrevoyons d'ici mille conflits de pouvoirs
et un dédale de difficultés sans issue. Sauf
pour la guerre, la marine et les affaires
étrangères, le vice-roi aura près de lui
des ministres siciliens responsables devant
le parlement sicilien; quant aux départements exclus, il n'y aura pour eux,
en Sicile, aucune responsabilité, puisqu'il
n'y aura pas même de ministres. Ceci passe
les bornes de la déraison, et fausse les premiers éléments de la science constitutionnelle.

Le roi, en revanche, revient à son idée
fixe d'avoir auprès de lui, dans son conseil, un ministre unique pour les affaires
de Sicile, ainsi qu'il l'avait établi dans le
décret du 6 mars 1848. Nous avons mon-

tré précédemment le néant de cette combinaison, dont le moindre défaut est d'être
impraticable. Nous ne pouvons que ren-
voyer le lecteur à ce que nous avons dit
plus haut.

Si nous passons aux finances, nous tom-
bons dans un véritable coupe-gorge. On
ne peut demander : La bourse ou la vie !
d'une façon moins constitutionnelle. En
principe, la Sicile a bien son budget sé-
paré, mais voici une petite restriction : les
dépenses communes, c'est-à-dire celles de
la liste civile, des affaires étrangères, de la
guerre et de la marine, seront réparties
entre Naples et la Sicile, dans la propor-
tion de leur population respective (1).

Mais ces dépenses communes, qui en

(1) La Sicile est à Naples comme 2 est à 6 : elle
compte 2 millions d'âmes, Naples en a 6.

fixera le chiffre? Ce ne peut être la Sicile, puisqu'elle n'a pas même, chez elle, de ministre pour les affaires étrangères, la guerre et la marine. Si c'est Naples, la Sicile est sacrifiée. Le roi a pris le parti de le fixer lui-même : c'est plus tôt fait. Les choses, autant du moins qu'on peut comprendre ce chapitre ambigu et obscur à dessein, sont calculées de manière à ce que ces départements, si importants cependant dans l'État, échappent à toute responsabilité financière vis-à-vis des deux parlements, et ne relèvent que du roi. C'est là, certainement, le chef-d'œuvre du genre. Mais en voilà assez là-dessus ; il est facile de se faire une idée du reste par ces échantillons. *Ab uno disce omnes.*

Si mensonger, si dérisoire qu'il soit, ce

pacte soi-disant fondamental n'offre même aucune garantie de stabilité, et n'a qu'un caractère provisoire, attendu que, pour conclure, le roi se réserve le droit de formuler plus amplement le statut sicilien, d'ici au 1er juillet, alors que ses troupes, comme il l'espère bien, seront maîtresses de l'île. Belle conclusion et digne de l'exorde !

Le statut de Gaëte n'en a pas moins eu le bonheur de plaire aux deux puissances médiatrices, ou du moins à leurs agents, et c'est l'amiral Baudin lui-même qui s'est chargé de porter à Palerme et d'appuyer cet ultimatum ; nous disons ultimatum, car, en réalité, c'en est un ; le roi de Naples, dans le cas d'un refus de la part des Siciliens, les menace

de sa colère, leur retire tous lés bénéfices
de sa royale clémence, et les déshérite des
bienfaits dont il veut les combler. Les Siciliens ne se sont laissés ni séduire ni inti-
mider ; malgré les instances, les manœu-
vres même de l'amiral Baudin, qui a fait
répandre par milliers, dans l'île, des exem-
plaires du statut dont il était porteur, le
parlement, dans sa séance du 20 mars,
a répondu par un refus nettement ar-
ticulé. Toute l'île s'est associée à ce refus énergique, et sur tous les points à la
fois on se prépare à la guerre : les cam-
pagnes rivalisent de zèle avec les villes. A
Palerme, l'enthousiasme est au comble :
la population en masse, et les femmes les
plus délicates, les plus élégantes, tra-
vaillent de leurs mains aux fortifications.

6.

On ne vit jamais une pareille unanimité.
Ce n'est pas une armée, c'est un peuple
tout entier qui se prépare au combat et
qu'anime le même esprit, l'esprit de l'indépendance, de la nationalité. Ce qui frappe
surtout, c'est que l'enthousiasme public
est réfléchi, et doit, par conséquent, ins-
pirer plus de confiance. Quelle gloire pour
la Sicile si elle était destinée à venger le
désastre de Novare !

VIII.

Nous espérons avoir élucidé cette question sicilienne, mal comprise en France, parce qu'en général elle y est mal posée. Une question bien posée est à moitié résolue. Il résulte de tout ce qui précède, que la Sicile est dans son droit, même en se tenant à la lettre stricte des traités. C'est le roi, non le peuple, qui a levé l'étendard de l'insurrection en abolissant la constitution fondamentale de l'État; il s'entête dans la révolte; force ou ruse, tous les moyens lui sont bons pour la faire triompher. Le sac de Messine présage aux Siciliens, dans le cas où ils viendraient à succomber, des calamités sans terme.

Forts de leur droit, ils ont fait preuve jusqu'ici d'une énergie, d'une résolution qui les honorent. Aucun sacrifice ne leur a coûté. Leurs biens, leur sang, leur vie, ils ont tout donné, et ce qui leur reste ils sont prêts à le donner encore. La haine de Naples se confondant en eux avec l'amour de leur indépendance, exalte leur courage jusqu'au fanatisme. Toute domination est odieuse; mais aucune ne l'est plus à leurs yeux que la domination napolitaine. Assez longtemps on les a considérés comme un fief de Naples : cette idée les révolte, et soyez bien convaincus, qu'au point où en sont les choses, de nouvelles Vêpres Siciliennes leur feraient, au besoin, raison d'un ennemi si universellement détesté. Le triomphe de Ferdinand serait une boucherie ; son règne, une occupation militaire. Nulle conciliation n'est désormais possible entre la Sicile et lui. Qui sème le vent recueille la tempête. A quel titre un si mauvais prince, un si mauvais homme s'imposerait-il à un peuple généreux, au ban duquel lui et les siens se sont mis eux-mêmes à force de cruautés, de parjures ?

Nous ne nous dissimulons pas que la catastrophe du Piémont a redoublé le danger des Siciliens et diminué leurs chances.

En rompant avec la dynastie qui règne à Naples, ils n'ont jamais entendu rompre avec la nation napolitaine, en tant que partie intégrante de l'Italie; leur désir, au contraire, le plus sincère, le plus vif, est de se rattacher à l'Italie, par les liens les plus étroits. L'idée d'une ligue ou fédération italique est leur idée de prédilection; indépendants chez eux, ils sont prêts à payer largement à l'Italie leur tribut d'hommes et d'argent, comme chaque canton Suisse paie le sien à la commune patrie; chaque État allemand à la confédération germanique.

Mais cette unité italienne, sous quelque forme qu'on la conçoive, paraît aujourd'hui bien compromise par le succès cala-

miteux des armes autrichiennes. Un voile
de deuil s'étend sur l'Italie; son avenir est
plein d'alarmes. N'aurait-elle fait qu'un
beau rêve de liberté pour se réveiller sous
un joug et dans des fers plus lourds que
ceux qu'elle portait naguères? Nous ne
voulons pas le croire.

Une noble tâche est imposée à la Répu-
publique française ; saura-t-elle la remplir?
Le voudra-t-elle? Ne fût-ce qu'au point de
vue de l'égoïsme, son intérêt, bien entendu,
lui en fait une obligation ; car, ce qui affaiblit la liberté chez ses voisins, ne la for-
tifie assurément pas chez elle. Qu'est-ce que
Louis-Philippe a gagné à trahir tous les
peuples, pour se rendre complice de tous
les despotismes, avoués ou cachés? Il y a

des devoirs de principe, il y a des nécessi-
tés de position ; un seul de ces motifs suffit
pour commander l'action ; quand tous les
deux se réunissent pour cela, s'abstenir,
c'est abdiquer ; abdiquer, c'est périr.

Il y a trop longtemps que notre politique
étrangère est conduite les yeux fermés ; il
serait temps, ce nous semble, de les ouvrir et de voir où l'on va. Il ne s'agit pas
de se jeter dans les aventures ; personne
ne s'en soucie, personne n'y songe ; il s'a-
git de sortir d'une position fausse et de ne
pas persévérer dans les illusions de par-
venus, qui ont perdu la branche cadette.
Faut-il pour cela tirer l'épée? Il ne faut que
parler haut et clair; mais il faut parler.
Une parole ferme, dite à propos, vaut une

armée, et peut quelquefois prévenir une guerre. Par manque de résolution, de système, bien des fautes ont été commises; quelques-unes sont irréparables. En même temps qu'elles ont été funestes à nos amis et à nous-mêmes, elles ont servi nos ennemis, en vertu de ce principe, que ce qui nous est mauvais leur est bon.

Et par exemple, nous avons entendu dire, pour justifier nos oscillations malheureuses dans la question sicilienne, que cette question ne nous intéressait pas, que c'était une question anglaise. Vous n'avez qu'à vous désintéresser de toutes les questions, toutes deviendront anglaises indubitablement. Beaucoup déjà sont devenues telles, qui seraient françaises si la France ne les

eût désertées. Le moyen infaillible de se
faire oublier, est de ne se montrer nulle
part. Les Siciliens ont, depuis une année,
les yeux tournés vers la France; mais si la
France les abandonne et que l'Angleterre
leur tende les bras, il est bien clair qu'ils
se jetteront dans les bras de l'Angle—
terre.

Il vaudrait mieux qu'ils ne se jetassent
dans les bras de personne, et qu'ils pussent consommer seuls et par leurs propres
forces l'œuvre de leur émancipation. Ils y
réussiraient, nous en sommes persuadé,
malgré leur infériorité numérique, et
grâce à leur situation d'insulaires, pourvu
que les puissances observassent seulement
à leur égard une stricte et loyale neutra-

lité. Mais l'Autriche est-elle neutre quand elle est toujours prête à donner appui au roi de Naples? La Russie qui l'encourage par ses paroles et l'assisterait au besoin de son argent, est-elle neutre? La France même n'a-t-elle pas fait un changement de front, et sa politique ne navigue-t-elle pas visiblement aujourd'hui dans les eaux de Ferdinand?

Il n'y a que l'Angleterre qui paraît avoir conservé sa première attitude, et qui évidemment se réserve sur la question, prête sans doute, comme elle le fait toujours, à tirer le meilleur parti de la circonstance. On pourrait se demander si, en faisant cause commune avec la France dans la médiation, elle a été bien sincère; ou, ce qui est la même chose, a-t-elle un intérêt direct dans la médiation? Elle a celui de nous surveiller plus que de nous assister, ce qui en est un fort grand pour elle; sans compter que la Sicile est un bon marché pour ses produits, ce qui à ses yeux est une considération capitale. Derrière chacun des actes de la politique anglaise il y a toujours quelque arrière-pensée mercantile; si en servant la liberté d'un peuple, elle sert en même temps son propre commerce, ce peuple peut compter sur elle.

La France a des vues moins matérielles, mais tout aussi positives quant au résultat; dans l'état actuel de l'Europe, les questions de principe sont pour elle des questions de vie ou de mort; comme depuis bientôt soixante ans nous sommes toujours sur la brèche, notre existence est toujours en jeu. Être ou n'être pas, voilà pour nous le résumé de toutes les questions; or, avant tout, il faut songer à vivre. Comme nous vivons au loin, en vivant surtout par l'esprit, tout peuple qui succombe nous emporte quelque chose de notre propre vie et nous affaiblit d'autant. Ces blessures-là ne se sentent pas tout de suite, mais à la longue on en meurt, et il peut arriver qu'on se croie en bonne santé tout en étant déjà fort malade.

Finissons par où nous avons commencé: la Sicile est petite par le territoire; elle s'est montrée grande par le courage et par la volonté; et d'ailleurs fût-elle plus petite encore, sa faiblesse même est un titre de plus à la sympathie, à l'estime des nations civilisées. Le droit des faibles est le plus saint des droits. L'abus de la force est odieux, impie, attentatoire au premier chef à la dignité humaine. Telle est l'indignation qu'il inspire, que ceux-là même qui s'en rendent coupables sont contraints de colorer leur crime; ils répugneraient pour eux-mêmes au cynisme d'un aveu brutal. La force parle toujours au nom du droit. Mais ici le droit est si évidemment du côté du plus faible, que toutes les précautions oratoires, toutes les arguties du monarque insurgé, ne sauraient faire prendre le change à personne. Il a tout mis contre lui, le principe, le fait, la jus-

tice, l'humanité. Ce serait violer tout cela
que de lui prêter main-forte.

Nous espérons bien qu'on y regardera
à deux fois avant d'assumer sur soi une si
grave responsabilité.

POST-SCRIPTUM.

Voici où en est aujourd'hui la question.

Aux termes de la convention de Messine, la reprise des hostilités devait être annoncée dix jours d'avance ; or, la rupture de l'armistice ayant été dénoncée le 19 mars, elles pouvaient commencer le 29, jour qui se trouve être précisément, par une coïncidence singulière, le cinq-cent-soixante-septième anniversaire des Vêpres Siciliennes.

Les hostilités ont effectivement commencé, en ce sens, que l'escadre napolitaine a mis le blocus devant Palerme, et établi des croisières le long des côtes, afin d'empêcher tout débarquement d'hommes, d'armes et de munitions. Les Siciliens sont donc à l'heure qu'il est seques-trés du monde.

Loin de faiblir, leur courage ne fait que s'exalter chaque jour davantage. Toutes les lettres, tous les journaux de Sicile sont unanimes à cet égard. On ne peut les lire sans attendrissement. Jamais l'élan d'un peuple ne fut plus spontané, plus universel, plus sincère ; et il se prouve, non par des paroles, mais par des actes.

Déjà avant ce moment suprême, un emprunt d'un million d'onces (treize millions de francs), avait été couvert, écus sonnants, en deux fois vingt-quatre heures. Tous les hommes valides, les prêtres en tête, volent aux armes. Les paysans accourent dans les villes pour offrir leurs bras robustes, et afin de ne point être à charge aux bourgeois, ils apportent avec eux leurs provisions ; raffinement de patriotisme dont on trouverait ailleurs peu d'exemples.

8.

Immédiatement après la rupture de l'armistice, les deux plénipotentiaires anglais et français, MM. Temple et de Rayneval, sont venus en personne de Naples à Palerme, afin de tenter un dernier effort de conciliation. Le Parlement, dans sa séance du 24 mars, n'a pas même voulu entendre la lecture des notes présentées par eux au ministre des affaires-étrangères, notes qui n'étaient d'ailleurs qu'une paraphrase, et comme une seconde édition du statut de Gaëte. Un seul cri : Guerre! guerre! est sorti de toutes les bouches, répété en ce moment par tous les échos de la Sicile.

Et à propos du statut de Gaëte, n'oublions pas de dire qu'on a vu avec une douloureuse surprise un bâtiment de l'escadre française, l'*Ariel*, porter lui-même, dans les cités siciliennes, l'ultimatum du roi de Naples, et des officiers français faire de la propagande au profit de ce roi révolté. Un tel oubli du droit des gens est-il dans les instructions de l'amiral Baudin ?

Qu'aurions-nous dit d'un amiral étranger qui, le 23 février 1848, se fût permis de répandre sur les côtes de France des manifestes de Louis-Philippe ? L'abus eût été le même. L'unique différence est que la France est grande et que l'on compte avec elle, tandis que la Sicile est petite, et que, grâce à sa petitesse, on espère lui faire violence par la menace et l'intimidation.

Mais, nous l'avons déjà dit et nous ne saurions trop le répéter, sa faiblesse même est un titre de plus à nos yeux. La politique fondée sur la force brutale nous inspire une indignation, un mépris que nous voudrions faire partager au même degré par la France, par l'Europe entière. Puisqu'on ne veut rien faire pour la Sicile, au moins ne devrait-on rien faire contre elle, et faudrait-il la laisser vider son différend, tête à tête, avec son ennemi. Eh quoi! serait-ce trop que de demander à la France sa neutralité!

La branche aînée a fait une Afrique française, la branche cadette une Belgique, et la République ne ferait pas même une Sicile! Que la Sicile se fasse donc elle-même;

pour lui avoir coûté plus cher, l'inestimable trésor de l'indépendance, conquis par elle seule, n'en sera que plus précieux pour elle.

FIN.

1 Didier, Charles
Question sicilienne